レッスンに上手に取り入れよう!

# マサさんのケンハモ講座

松田 昌 解説・編曲

音楽之友社

## はじめに

　最近、大きなブームとなっている鍵盤ハーモニカ（以下ケンハモ）。レッスンや発表会で活用される先生がとても増えています。

そして、

・歌うように息を使って表現するのがいい
・手軽にアンサンブルできる
・新しい楽器なので自由に吹ける
・奥が深いのに驚いた

などの感想をお聞きします。

本書は、

・ケンハモの演奏法
・ケンハモの練習法
・レッスンでの活用の仕方
・発表会での有効な使い方

などを、ご紹介したいと思います。

　ケンハモを活用することで、みなさんご自身の音楽、そして生徒さんの音楽に、新しいエネルギーが生まれ、奥行きが深まることを願っています。

松田 昌

## もくじ

| テーマ | 課題曲 | 頁数（楽譜頁数） |
|---|---|---|
| 1. ケンハモをレッスンに取り入れるメリットは何か？ | ♪ブルクミュラー《ちょっぴり不満》 | 4（6） |
| 2. 持ち方＆マウスピースのくわえ方 | ♪《崖の上のポニョ》 | 8（10） |
| 3. 吹き方の基本、腹筋の使い方とブレス | ♪サン＝サーンス《白鳥》 | 12（14） |
| 4. 口の形とタンギング―その1 ソフトなタンギング「ロ～」 | ♪《夏の思い出》 | 18（20） |
| 5. 口の形とタンギング―その2 鋭いタンギング「トッ」を中心に | ♪《サザエさん》 | 22（24） |
| 6. ロングトーンとヴィブラート | ♪《煙が目にしみる》 | 26（28） |
| 7. ピアノ曲をケンハモ二重奏で吹いてみよう！ | ♪シューマン《最初の悲しみ》 | 32（34） |
| 8. インヴェンションをケンハモで吹いて「音の対話」を楽しもう！ | ♪バッハ《インヴェンション 第1番》 | 36（38） |
| 9. 3声バッハを楽しもう！ | ♪バッハ《シンフォニア 第11番》 | 40（42） |
| 10. 素敵なジャズ・タンギングの使い方 | ♪《ジングルベル》 | 47（48） |
| 11. ポピュラーのノリを体得しよう！ | ♪《宝島》 | 50（52） |
| 12. ケンハモらしい表現を追求しよう！ | ♪松田 昌《孤独》 | 55（56） |
| 13. 両手奏法に挑戦しよう！ | ♪《故郷》 | 61（63） |
| 14. 歌って吹こう！《発表会ブルース》 | ♪松田 昌《発表会ブルース》 | 64（66） |
| | 参考動画QRコード一覧 | 70 |

# Lesson 1
# ケンハモをレッスンに取り入れるメリットは何か？

**課題曲**
## ブルクミュラー《ちょっぴり不満》
（ケンハモ二重奏）

鍵盤楽器であるケンハモは、吹いて音を出すから、管楽器でもありますね。最初に、楽器の仕組みと演奏するときの体の使い方など、基本的なことから始めましょう！

### ケンハモってどんな楽器？

まず、ケンハモの音が出るしくみを考えてみましょう。下の図は、ケンハモの断面図です。金太郎飴のように輪切りにしたものだと思ってください。

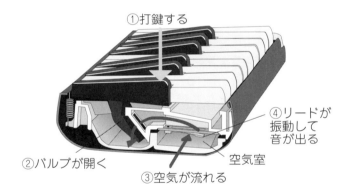

右下の空気室の上部にリードがあり、空気室は鍵盤を押さえるまでバルブで密閉されています。音が出るまでの動きは、
①打鍵すると（音を出す鍵盤を決める）
②バルブが開き（白鍵・黒鍵とバルブは一体の構造になっている）
③息を吹き込むと、空気室から外に空気が流れ
④空気室にある金属のリードが振動して音が出る
というしくみです。

### ケンハモ演奏で大切な３つの部位（指・腹・口）

ケンハモは鍵盤楽器ですが、吹いて音を出すから管楽器でもあります。

①**指**
・鍵盤を押さえて、何の音を鳴らすかを選びます
・打鍵と離鍵のスピードを変えて音に変化をつけます（早い打鍵は鋭い音、ゆっくりした打鍵は柔らかい音になります）

②**腹**
・腹式呼吸で肺から楽器へ空気を送り出すポンプと考えましょう
・ポンプの強さを変化させ、音に強弱変化をつけます

③**口**
・舌や喉を使って空気の流れを変え、微妙な音量変化をつけます（タンギング…言葉の子音に当たる）
・下顎を上下させて、口腔の容量を変えることで、音量を変化させます（話し言葉では、母音の変化に当たる）

### ケンハモをレッスンに取り入れるメリット

#### 1. 管楽器の表現を体験できる

ケンハモは息を使って表現する管楽器です。管楽器としての表現を経験することは、ピアノ演奏にも大きなプラスになると思います。

課題曲のブルクミュラー《ちょっぴり不満》で説明しましょう。**譜例1**を見てください。

●譜例1
ピアノ

●譜例2
管楽器

　ピアノでは「レ」を打鍵した後、各音は弦の固有のカーブで減衰してゆきます（黒い音の形）。そして、音が自然に減衰するために、演奏者は打鍵後の「心のエネルギーの持続」を感じることが難しい面があります。このことは、ピアノという楽器の表現の難しいところであり、ピアノ教育の難しいところでもあることは、みなさん経験なさっていると思います。
　ケンハモではどうでしょうか？
　**譜例2**は、マサさんの感じる「心のエネルギーの持続」です（黒いエネルギーの形）。
　持続音であり、吹き方によって音が変化するケンハモでは、演奏者が「持続する音に対する具体的なイメージ」と「心のエネルギーの持続」を持って、音を支えて吹かなければ音楽になりません。うまく言えませんが「音楽を推進させる力」と言ってもいいし、もっと単純に言えば「歌心」と言えるのかもしれません。
　具体的な表現としては、少しだけクレッシェンドし、2拍目からうっすらヴィブラートをかけるのもいいでしょう。また、そのような表現を、「腹筋の支え」の上で行うこともとてもいい経験になると思います（※ヴィブラートのかけ方は、Lesson6「ロングトーンとヴィブラート」を参照）。

## 2. 手軽にアンサンブルができる

　楽器を学ぶ時、アンサンブルを体験することはとても大切です。普段は1人で演奏する《ちょっぴり不満》をケンハモ2人でアンサンブルすることで、

1）1本のメロディに集中できる。
2）メロディか？伴奏か？自分の役割を意識してバランスをとるアンサンブル感覚が養える。
3）相手の音を聴いて会話を楽しむことができる。

　上記の、管楽器体験とアンサンブル体験が、ピアノレッスンにケンハモを導入するメリットの2本柱と言えると思います。

### ♪課題曲演奏上のヒント

　演奏のポイントのため、①、②、③の番号を楽譜に記入しました。ぜひチェックしてください。

①主役と脇役、歌い方
1）Ⅰパートは嘆いている人（主役）、Ⅱパートは励ましている人（脇役）です。脇役は主役を立てるように少し小さめに吹きましょう。
2）クレッシェンドやヴィブラートは、やりすぎると表現過多になるので要注意です。
②フレーズ最後の「ソ」、持続音のケンハモはピアノよりプツっと切れがちです。要注意ではありますが、ケンハモの醍醐味が感じられる場所でもあります。
③メロディーの受け渡し。スリルと面白みがあるところです。

　ぜひ、生徒さんやお友だちと実際にケンハモで吹いて楽しんでください。

# 1. ちょっぴり不満 〜『25の練習曲』より
(ケンハモ二重奏)

ブルクミュラー 作曲
松田 昌 編曲

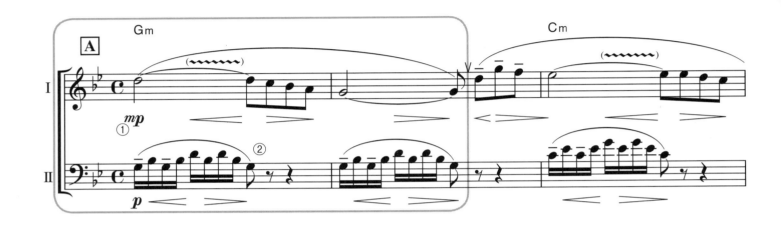
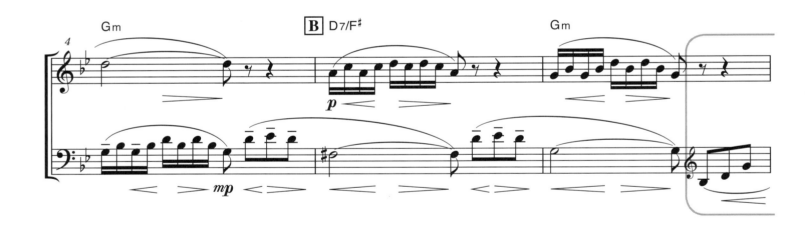

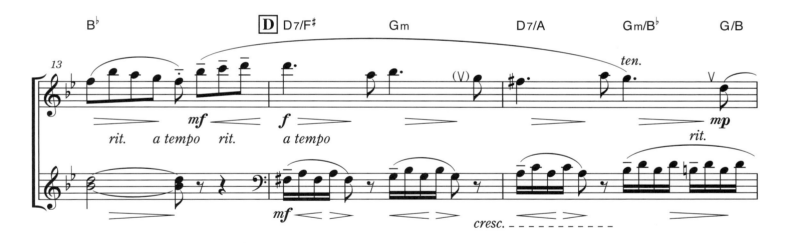
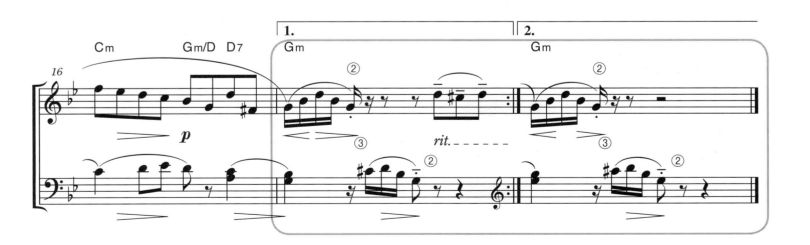

# Lesson 2
## 持ち方＆マウスピースのくわえ方

### 課題曲
### 《崖の上のポニョ》
（ケンハモ二重奏、ケンハモ独奏、ピアノ独奏としてもOK）

　誕生してまだ50年と少しのケンハモは、ピアノのようにメソッドやカリキュラムが確立されていません。みんなが好き勝手に吹いています。その自由さがケンハモの魅力のひとつとも言えますが、持ち方さえいろいろあるのです。ケンハモの持ち方とマウスピースのくわえ方について考えてみましょう。

### 持ち方のいろいろ

#### ①ケンハモを机に置いて吹く（写真1）
　座って吹くオーソドックスなスタイルですね？ ケンハモは、右手でメロディを吹くことが多いですが、このスタイルはピアノと同じように両手で演奏することもできます。
#### ②持ち手に4本の指を通して持ち、ホースで吹く（写真2）
　これも非常に一般的な持ち方ですが、ケンハモは意外に重いので長時間演奏すると左手が疲れます。また、左手で楽器を持っているので譜めくりが出来ない制約も生まれます。

#### ③持ち手に4本の指を通して短いマウスピースで吹く（写真3）
　これは一見カッコいい演奏スタイルですが、右目だけで鍵盤を見るのでとても演奏は難しいと思います。最初に鍵盤を見やすいスタイルでしっかり練習したのちに、このスタイルで演奏することをオススメします。長時間の演奏では、左手が疲れます。
#### ④ストラップで肩から吊るす（写真4）
　マサさんイチ押しの方法です。理由は…
1) ケンハモを持たなくていいから腕が疲れない。
2) 左手も使って「両手演奏」ができる。
3) 指の動きがお客さんによく見える。
4) 例えば、小学校や施設で演奏するときも、吹いていない時に両手が自由であることはとても便利。
5) ギターのようなカッコ良さがある。

### ストラップの付け方

　普通のケンハモにストラップをつけるにはどうすればいいのでしょう？
#### ①簡単な方法
　ドライバーも使わず、家にあるベルトを持ち手にかけて、ヒモで縛って安定させる、誰にでもできる方法です。
1) ベルトは何でもオッケーです。不要になったショルダーバッグのベルトでもオッケーだし、アルトサックス用のストラップを購入してもいい。マサさんは、自分のズボンのベルトを外して演奏をしたことがあります（笑）。欠点は、1点

●写真1

●写真2

●写真3

●写真4

●写真5

●写真6

支持なので楽器が不安定なことです（**写真5**）。
2）さらに安定させたい場合は、持ち手の左側のベルトとホースの付け根を、「つづりひも」などのひもで縛ると安定します（**写真6**）。

② 2点支持の方法

　持ち手にベルトをかける1点支持より、2点支持の方が楽器の安定を図れますし、本格的です。マサさんは、この原稿を書くにあたってFacebookで2点支持の方法のアンケートをとりました。たくさんの方がいろいろな工夫をなさっていて感激しました。

　楽器の構造はメーカーによって違いますから、ここでは「スズキ・メロディオン PRO-37」と「ヤマハ・ピアニカ P-37D」について説明します。
（※ドライバーを使いますから、簡単ではありますが改造になります。あくまでも自己責任で行ってくださいね〜！）

1）メロディオン PRO-37

　楽器裏面の吹き口に近いネジを外し（**写真7**）、額縁などを引っ掛ける時に使うピラカンという部品をネジに噛ませ、ひもを通してストラップを引っ掛けます（**写真8**）。ストラップの反対側は、つば抜きのひもに引っ掛けます（**写真9**）。

●写真7　この部分のネジを外す　吹き口　つば抜き

●写真8　ピラカン

●写真9

2）ピアニカ P-37D

　楽器おもて面の四隅のネジを外して、裏板と本体を分け（**写真10**）、下部の丸印の部分のように、裏面の二つの穴にヒモを通し、ストラップをつけましょう（**写真11**）。

●写真10　四隅のネジを外す

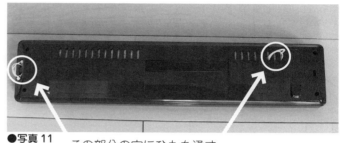
●写真11　この部分の穴にひもを通す

### マウスピースのくわえ方

　演奏の基本は脱力！　それは、マウスピースのくわえ方でも同じです。

1）マウスピースの端の引っ掛かりを軽く歯に当て、ホースを引っ張っても抜けない程度に軽く噛んで、口や顎をリラックスさせましょう。小学校の教科書には、左手をマウスピースに添える写真があります。子どもの中には、噛みすぎて歯を痛めることもあるようで、子どもは手を添えて噛まない方がいいのかもしれません。私たちは、両手で演奏するためにも、左手は添えず「軽く噛んでリラックス」を基本にしましょう。

2）そして、マウスピースをくわえたまま、お話をしてみましょう！「こんにちは！」「窓際のトットちゃん！」「おっとっとっと危ないよ！」

　ケンハモ演奏の理想のひとつは「話すように・歌うように吹く」ですから、くわえたまま自由にお話ができることはとても大切です。

### ♪ 課題曲演奏上のヒント

　このアレンジはスペシャルアレンジです！　何がスペシャルかというと…
1）ピアノで1人で弾ける（弾きやすい2声アレンジです）。
2）ケンハモ2人でアンサンブルできる。
3）ケンハモ1人でソロ演奏できる。
こんなアレンジはなかなかありませんよ〜！（笑）ぜひピアノで弾き、ケンハモ・アンサンブルやソロを楽しんでくださいね！

## 2. 崖の上のポニョ
（ケンハモ二重奏、ケンハモ独奏、ピアノ独奏としても OK）

久石 譲 作曲
松田 昌 編曲

# Lesson 3
## 吹き方の基本 腹筋の使い方とブレス

### 課題曲
### サン＝サーンス《白鳥》
（ケンハモ独奏とピアノ）

いよいよ実際の演奏に入ります。ケンハモは見た目は鍵盤楽器ですが、中身は管楽器！ 管楽器演奏の基礎である「腹式呼吸」と「ロングトーン練習」から始めましょう！

### 腹式呼吸をマスターしよう！

「腹式呼吸」といっても、吸った息がお腹に入るのではありませんね？ 空気が入るのは肺までで、本当に空気がお腹に入ったら人間は死んでしまいます～（笑）。冗談はさておき、ケンハモを吹く前に、腹式呼吸の具体的な身体の動きを体験してみましょう。文字を読むだけでなく、実際にやってみてくださいね～！

・準備
まず、背中をまっすぐにし、肩の力を抜いて、軽く口を開けます。
・腹式呼吸
①息の吐き方
腹筋に力を入れて、おヘソを中心とした腹筋全体を背骨の方向に押し付けることで肺を下から押し上げ、口から空気を吐き出します。ゆっくり、長い息で吐いてみましょう。
②息の吸い方
肺の中の息がなくなったら、腹筋をゆるめて、おヘソを前に突き出すと、空気は自然に口や鼻から入ってきます。
・ポイント
1) 腹筋に意識を集中させましょう。
2) 一定量の空気を少しずつ吐きましょう。
3) 息を吸うときは、肺の下部全体、肋間を広げて肺の中部、そして上の方まで、肺全体にたっぷり空気を充満させることを意識してください。
4) 何度も繰り返すことが大切です。ノルマは最低10回！（笑）慣れるまでは毎日行いましょう！

### 弱音ロングトーン練習

さあ、いよいよケンハモを吹いてみましょう！ 管楽器奏法の基本、弱音ロングトーン練習からです！

### 練習1
### ひとつの音をできるだけ弱く長く吹きましょう！

ノルマは20秒！ 中には、60秒吹ける人もいらっしゃいます。長く吹けない方も、実際の演奏ではうまくブレス（息継ぎ）をすれば大丈夫ですよ！

じつはマサさんの肺活量は、成人男子の平均より驚くほど少ないです。ここだけの話ですが、20秒がやっと・・・（笑）。そのぶん、ブレスの工夫をしています。
・ポイント
1) 自分の音を聴くことに集中しましょう。演奏するとき、とても大切なことです。
2) 腹筋の緊張のさせ方を意識しましょう。
3) 音が、強くなったり弱くなったりせず、一定の音量や音色を保てるように練習しましょう。
4) 何度も繰り返してください。

### 練習2
### 7拍吹いて1拍ブレス（譜例1）

♩＝60ぐらいのテンポで、静かにゆったり7拍吹いて、1拍ブレスします。
・ポイント
1) ブレスの時、たくさんの空気を肺いっぱいに充填させましょう。
2) ブレスの前の音の最後の部分が、不自然にプツッと切れたり、最後だけ大きくなったりしないように気を付けましょう。
3) いろいろな音域で、いろいろな音の組み合わせで、ご自分の練習曲を作って練習してください。

## 強弱変化をつけてみよう！

### 練習3
### *p*、*mp*、*mf*、*f* を吹き分けよう！（譜例2）

　イメージする音量で自由に吹けることは、表現の上でとても大切です。まずは4つの音量を獲得しましょう！　腹筋の圧力の違いを意識します。一定の音量を心がけましょう。

### 練習4
### クレッシェンドとデクレッシェンド（譜例3）

　美しいクレッシェンドとデクレッシェンドは、表現のかなめです。何度も練習しましょう！　ご自分で、いろいろ工夫してください。

### ♪課題曲演奏上のヒント

　この世界の人々に愛された美しいメロディは、運指は難しくはないですが、表現するとなると、とても難しいです。
　チェロのミッシャ・マイスキーやヨーヨーマの演奏を聴くと、1音ずつの表現の深さに感動します。そして演奏する人の音楽と人生のあり方が問われる素晴らしい曲だな～と実感します。
　長い音・長いフレーズを美しく演奏することが、ケンハモ演奏の基本だと思って、じっくり取り組んでくださるとうれしいです。

#### アレンジの工夫
　ケンハモとチェロは全く違う楽器。チェロの豊かな音色に比べてチープなケンハモの音を支えるために、
1) 9th→根音→M7→6th（ラ→ソ→♯ファ→ミ）などの対旋律を、メロディとハモることを意識しながら作りました。
2) サン＝サーンスの曲をちょっとジャズ好きなドビュッシーがアレンジした感じに、コードも変えています（笑）。
ぜひ、発表会での演奏などで使ってくださされば幸いです。

#### 予備練習
　譜例のように、フレーズの最初の音を長く吹く練習は、音楽を大きく捉えるのに効果があります。

　表現がオーバーになりすぎないよう気を配りながら、豊かな気持ちで自分の音を聴いて、デリケートな音量変化と、たっぷりしたブレスで、優美な白鳥の姿を表現したいものです。

# 3. 白鳥
(ケンハモ独奏とピアノ)

サン=サーンス 作曲
松田 昌 編曲

# Lesson 4
# 口の形とタンギング
# その1●ソフトなタンギング「ロ〜」

**課題曲 《夏の思い出》（ケンハモ独奏とピアノ）**

　ケンハモの奏法でとても大切な、タンギングについて詳しく考えてみましょう。

## 人間の会話は多彩なタンギング

　タンギングというと、管楽器を吹くときの特別な舌の動きだと思ってしまいがちですが、そうではありません。私たち人間は、舌・のど・下顎・鼻腔などを複雑に組み合わせて、いろいろな母音と子音を作り、言葉を話します。それはタンギング以外の何物でもないと思います！

　幼児期の言葉の獲得！　この人間としてのスタートの時期に私たちは、愛する人（おもに母）とコミュニケーションしたい欲求に駆られて、相手の言葉を模倣するという絶え間ない試行錯誤の連続によって、1音ずつの口の各部分の形と息の流れを理解し、言葉を獲得します。人間として生きるため素晴らしい学習です。

　ケンハモ演奏のタンギングの学習も、同じようでありたいと思っています。

　では、具体的に口の動きについて考えてみましょう。分かりやすいように、イラストも用意しました。ケンハモのマウスピースをくわえた口腔解剖図は、世界で初めてだと思います！（笑）

## 舌の3つの部分が活躍！

　タンギングというと舌先の部分のことだけを考えることが多いですが、実際はそれ以外に、舌全体、舌の奥の部分の3つの部分が働いています。各部分の役割を説明しましょう。

　最初に図1（子音のTの形）を見て、舌先Ⓐ、舌全体Ⓑ、舌の奥Ⓒの3つの部分を確認しておきましょう。

　この先、ぜひ！　ご自分でいろいろな舌の形を作りながら、読んでくださいね！

## 舌の先の部分Ⓐ

　舌の先をマウスピースの入り口に当てることで、息の流れをせき止めて、音に変化を与えます。

### ①子音の「T」（ト）に当たる動き（図1）

　これは、一般的なタンギングのイメージですね？　注意点は、
・音にアタックをつけて、鋭くしたいときに使う。
・次に説明する「L」よりも、少し広く強くマウスピースに舌先が押し当てられる。
・舌全体は上顎に密着して、喉から空気が移動する（矢印）のを押し留めている。

### ②子音の「L」（ロ）に当たる動き（図2）

　「T」が鋭いのに比べて、ソフトなタンギングです。マサさんはとてもよく使います。
・ほんの少しマウスピースの下側に舌先が触れ、微妙な変化を作る。
・舌全体は、上顎から離れて下にゆったりしている。

## 舌全体Ⓑと舌の奥Ⓒ

　話し言葉の場合、舌全体の上下変化は、主にアイウエオなどの母音の変化を作ります。図3、4の「O」と「E」の違いを見比べ、使い方を考えてみましょう。

### ①母音の「O」（オ）に当たる動き（図3）

　「O」は、舌と上顎の間にたくさんの空間があり、舌の奥Ⓒと喉の壁Ⓓとの間にも空間が多い（○印の部分）。その結果、
・空間が広いから、息の勢いをゆったりさせることができ、繊細な表現に向いている。
・特に、図2の「L」と組み合わせた「Lo〜」（ロ〜）という口の形は、ソフトタンギングとして非常に有効に使うことができる（課題曲の《夏の思い出》は、この吹き方が大活躍します）。
・逆に、舌の奥Ⓒと喉の壁Ⓓの空気を急激に「フー！」と強く押し出すことで、大きなエネルギーのある音を作ることができる。ただこの吹き方は、乱暴な音になりがちなので要注意！

### ②母音の「E」（エ）に当たる動き（図4）

　「E」は、舌と上顎の間が狭く、舌の奥Ⓒと喉の壁Ⓓとの間も少ない。その結果、

●図1「T」のタンギング

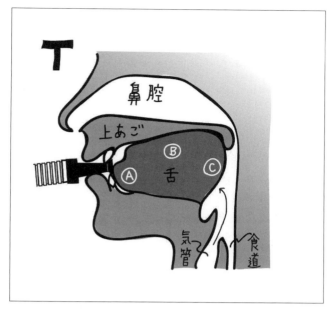

●図2「L」のタンギング

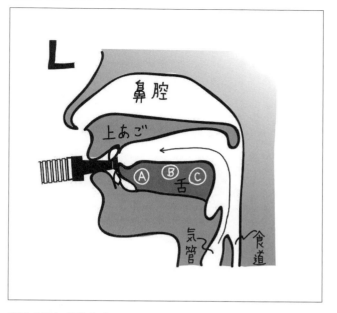

●図3 母音「O」(オ) の形

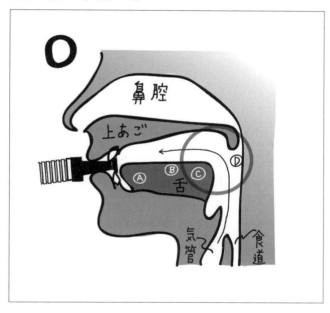

●図4 母音「E」(エ) の形

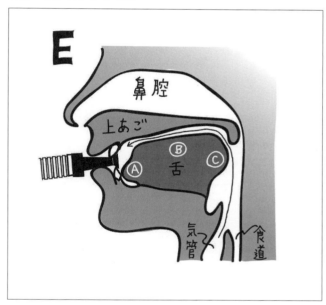

・舌と上顎の間を通る息のスピードは速くなり、スピード感のある音を作ることができる。

・特に、**図1**の「T」と組み合わせた「Tet」（テッ）という口の形は、ジャズやロックの鋭い音が欲しい時にぴったりです。

## ソフトタンギングの練習

指は押さえたままで、小さなきれいな音をイメージして「ロ〜ロ〜」と何度も練習してください。

### ♪課題曲演奏上のヒント

　同じ音が続くところは全て、指は押さえたままで「ロ〜」のタンギングで吹きましょう。ピアノと対話するようにたっぷり歌って吹いてください。D.S. 後はオクターヴ上で。

　倚音を多用して、あたたかい中にもキュンとした繊細な変化のあるアレンジを目指しました。

　動画も、参考にしてくださいね〜！

# 4. 夏の思い出
（ケンハモ独奏とピアノ）

中田喜直 作曲
松田 昌 編曲

# Lesson 5
## 口の形とタンギング その2 ◉鋭いタンギング「トッ」を中心に

**課題曲**

### 《サザエさん》
(ケンハモ二重奏、ケンハモ独奏、ピアノ独奏としてもOK)

ソフトなタンギング「ロ〜」の次は、鋭いタンギング「トッ」を中心に、さらに深く考えてみましょう。課題曲は国民的な愛唱歌《サザエさん》です。

## タンギングは、なぜ必要か？

### ピアノとケンハモの比較

ピアノは打鍵の強弱変化によって微妙な表現を作りますが、管楽器であるケンハモは打鍵の強弱変化では、カタカタと鍵盤の音が変化するだけで大切なリードから出る音は何も変わりません。
ケンハモで音量変化をつけるのは、
1) 腹筋を使った肺からの空気の送り出し
2) 口の形の変化を使ったタンギング変化
のふたつです。腹筋の収縮で大まかなフレーズ的な強弱を決め、タンギングで1音ずつの細かな表情をつけます。

### タンギングの重要性

では、タンギングを全く使わないとどんな音楽になるか？を体験してみましょう。

譜例1は、シューマン作曲『ユーゲントアルバム』の《狩の歌》です。この曲を次の2種類の方法で吹いてみてください。
1) タンギングも腹筋も使わず、まったく一定の音量で
2) タンギングを使わず、腹筋だけで変化をつける
スタッカートは指で切ってください。

タンギングも腹筋も使わない演奏は、機械的で無味乾燥になり、逆に腹筋だけで強弱をつけると大げさな音楽になってしまいがちです。ぜひ本書巻末に掲載しているQRコードでマサさん演奏の動画を確認してくださいね！

譜例2は、この曲でのマサさんのタンギングの方法です。歌ってみていただけますか？ タンギングの下には、1音ずつ音の形が書いてあります。

● 譜例3

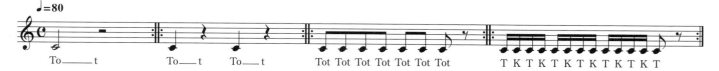

● 譜例4

● 譜例5

## タンギングの解説

　少し説明させてください。**譜例2**には、「トゥ」（Tou）と「タ—ゥ」（Ta—u）と「トッ」（Tot）3つのタンギングが出てきています。
1) 鋭い音が欲しいので、全部の音の出だしはTのタンギングです。
2) ToとTa、母音に2種類あるのは、ぼくのイメージでは、oの方が少し小さな音、aの方が口の中が開いて少し大きな音になるので、アクセントの音に対してaを使って歌っています（だけど、この辺りは人によって違うだろうと思います）。
3) Touでは、oよりuの方が口は閉じます。口の容量が少なくなって、ouと言うだけで、1音の中で自然なデクレッシェンドをつくることができます（Ta—uのuも同じ）。
4) Totのtは、oで鳴っている音を止めるためのtです。
　音楽では、「ひとつの音の形をいかに作り上げていくか？」が、とても大切なことですからぜひ参考にしてくださいね。
　では、このタンギングの口の動きを作りながら、吹いてみましょう。
　スタッカートは、指よりタンギングを優先してください（指はレガートでもかまいません。指もスタッカートにするのが理想ですが、よほどトレーニングしないと、指と舌がズレてしまうからです）。

## タンギング・トレーニング

### 指は押さえたままでタンギング

　**譜例3**を練習しましょう。「To—t」の3つの段階を意識して吹きましょう。2回ずつ繰り返してください。
　最後の16分音符は、16分ひとつずつを「トッ」「コッ」「トッ」「コッ」と「T」と「K」を交互に使うと確実にできます（ダブルタンギング）。
　**譜例4**は、舌や喉の筋肉のリズムトレーニングとも言えます。やはり、指は押さえたままで練習しましょう。

### 指も動かしてタンギング練習

　実際のタンギングです。舌をどのように使うかは、ご自分で考えてくださいね（**譜例5**）。

　ケンハモを演奏するとき、タンギングをどのように使うかを考え、吹く音が自分のイメージになるように繰り返し試行錯誤する（練習する）ことが、音楽の大切な部分を作っているアーティキュレーションやダイナミクスにおける、自分の表現を形作ると思います。そして、ケンハモでその経験をすることは、ピアノ演奏にも大いにプラスになると信じます。

### ♪課題曲演奏上のヒント

　ケンハモ二重奏にアレンジしましたが、1人で両手弾きソロでも吹けるようになっています。両手弾きに興味のある方はぜひ、トライしてくださいね！両手弾きの詳しい奏法はLesson13「両手奏法に挑戦しよう！」を参照してください。

# 5. サザエさん
（ケンハモ二重奏、ケンハモ独奏、ピアノ独奏としても OK）

筒美京平 作曲
松田 昌 編曲

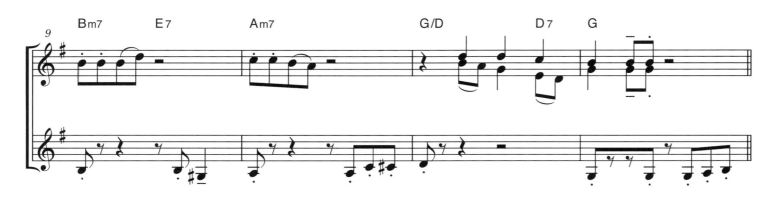

© 1969, 1984 by Standard Music Publishers, Inc. & EMI Music Publishing Japan Ltd.

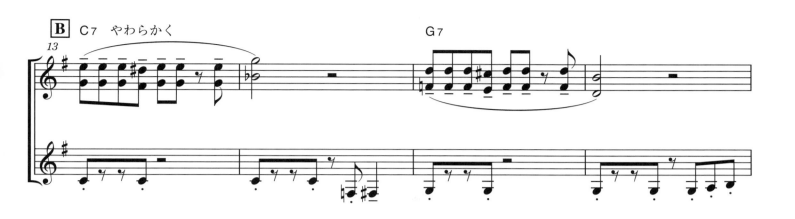
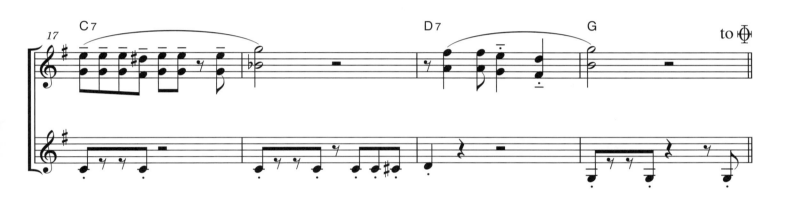

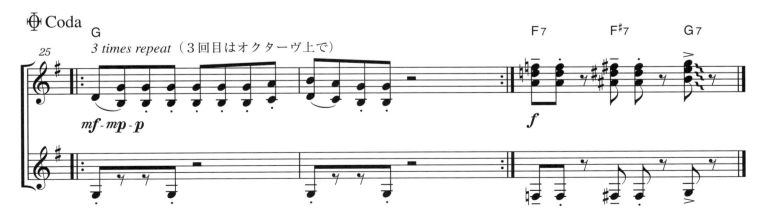

# Lesson 6 ロングトーンとヴィブラート

## 課題曲
### 《煙が目にしみる》
（ケンハモ独奏とピアノ）

ロングトーンのきれいな吹き方とヴィブラートについて考えましょう。

### スローテンポのメロディを美しく演奏しよう！

ゆっくりした曲を、美しくウタって演奏することは、楽器を問わず、ジャンルを問わず、とても大切なことですね？ ケンハモで歌うように演奏することを体験し、ピアノや他の楽器を弾くときにも、新しい表現のヒントが生まれることを願っています。

まず、課題曲《煙が目にしみる》の冒頭4小節を吹いてみてください。

最初はヴィブラートなしで安定した強弱表現を得ることを目指しましょう。いかがですか？ 美しく吹くのは結構難しいですね？ 誰もが陥りやすいポイントが、3つあります。

1) 長い音（特に第3小節の「レ」）が、意に反してフラフラとぶれやすい。
2) 長い音が持続するとき、膨らませ（クレッシェンド）過ぎてしまう。
3) 長い音が消えるとき、きれいなデクレッシェンドができない（ブレスするため、デクレッシェンドした音の最後が、フッと大きくなってしまいがちです）。

動画にマサさんが1)〜3)の良くない例を録画しています！（笑）ぜひ参考にしてくださいね！

どうすればもっと綺麗なロングトーンが吹けるのか？ 効果的な練習方法の例を、次にご紹介しましょう。

### 一定の音量でシンプルな長い音符にしてみよう！

息に集中するために、細かい動きを省略し、メロディの流れは活かして、シンプルなロングトーンで吹いてみましょう。まず、**譜例1**を強弱変化はつけずに、各音を4拍ずつ吹いてみてください。

1) 腹筋でしっかり息を支えて、自分の音を注意深く聞きながら、同じ強さで吹きましょう。変化をつけるから表現が生まれるのですが、そのためには変化させずに吹けることが前提です。ここが管楽器の表現の基本です。ぜひマスターしてください！
2) 1回目は *p*、2回目 *mp*、3回目 *mf*、4回目 *f* と、4種類の大きさで。それぞれ1本の線がピーンと張っているように同じ強さで吹いてください。
3) 全体を何度も練習しましょう。

### そっとクレッシェンドしてデクレッシェンドをして消える

一定の音量ができたら、**譜例1**のように強弱変化をつけてみましょう。今度は2/4拍子で。

1) クレッシェンドをやりすぎないように気を付けましょう。

●《煙が目にしみる》冒頭4小節

●譜例1

持続している音を変化させられるととても気持ちいいので、初心者ほど大げさなクレッシェンドをしてしまいがちです。
2) デクレッシェンドは、ス〜ッと消えるように美しく演奏できるようにしましょう。
3) ブレスは特に要注意です。息を吸うことで、まだ鳴っている音に影響を与えてしまい、プツッと大きくなりがちです。自分の音をよく聴きながら何度も練習しましょう。

以上の基礎練習がおわったら、《煙が目にしみる》の全曲を吹いてみましょう。

## ヴィブラートの基礎知識

ひとくちにヴィブラートといっても、いろいろなヴィブラートがあります。ヴァイオリンや声楽は、主に音程のヴィブラート。同じヴァイオリンでも、バロック・ヴァイオリンはヴィブラートは少なめ、ジプシー・ヴァイオリンは多めというふうに、時代やジャンルによっても違うし、人によってかけ方が違い、それがその人の演奏スタイルの一部になっています。

管楽器は、主に強弱のヴィブラートです。息の強さの変化が、音の強弱の波となって、豊富な情感の変化を聴く人に伝えます。

## ヴィブラートの波を知ろう！

ケンハモのヴィブラートの波にはふたつの要素があります。

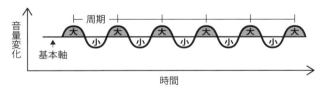

### ①ヴィブラートの深さ

強い音と弱い音の大きさの違いです。演歌を演奏するときは深め（変化を大きく）、バロック音楽では浅め（変化を少なく）と考えるとわかりやすいですね？

### ②ヴィブラートの速さ

波の周期です。速いヴィブラートは、ある時間内での周期が多く、ゆっくりしたヴィブラートは、周期が少ないですね？

ヴィブラートを美しく演奏できるためには、上のふたつの要素をしっかりコントロールできるようにトレーニングする必要があります。

## ヴィブラートのトレーニング

さて、具体的にヴィブラートの練習に入りましょう。ここでは、主に腹筋を使ったヴィブラートと、主に喉を使ったヴィブラートの2種類のヴィブラートを練習しましょう。練習の方法は、どちらも、ケンハモを使わず息だけの練習をしてから、ケンハモでのヴィブラートに進みます。

### 主に腹筋を使ったヴィブラート

タンギングを使わずに、腹筋でアクセントをつけるときの要領で、強弱変化をつけます。

**①息だけの練習**

譜例2を1音ずつ「フッ！フッ！フッ！フッ！」とはっきり、腹筋を使って息を吐きます。4分音符から16分音符まで練習しましょう。

**②ケンハモを使ってヴィブラート練習**

譜例2を1音ずつ $fp$ で演奏します。4分音符のときから、音の強さにバラつきがないように気を付けて練習してください。16分音符になると、かなりヴィブラートに近い感じになります。タイミングにも気を付けましょう。

### 主に喉を使ったヴィブラート

**①口だけの練習**

譜例2を1音ずつ「オゥ オゥ オゥ オゥ」と喉の奥を変化させて歌ってみましょう。そのとき、腹筋でしっかり息を支えることが大切です。喉とお腹との共同作業とも言えます。また、ケンハモを吹くときはマウスピースをくわえるので、人差し指の指先を軽く歯の間に当てて歌うことをオススメします。

**②ケンハモを使ってヴィブラート練習**

1音ずつ喉の奥を「オゥ オゥ」と形を変化させながら吹きましょう。

腹筋を使ったヴィブラートは深く、喉を使ったヴィブラートはソフトなイメージを作ることができます。うまく使い分けることができるのが理想です。

●譜例2

# 6. 煙が目にしみる
（ケンハモ独奏とピアノ）

ジェローム・カーン 作曲
松田 昌 編曲

## ♪課題曲演奏上のヒント

1) まず、「ラ〜ラララララ」と歌ってみるのはどうでしょう？ とてもきれいな曲です。
2) 安定したロングトーン、自然なクレッシェンドとデクレッシェンドで歌うように吹きましょう。
3) 長い音では、1拍くらい揺らさずに、少したってからヴィブラートをかけるととてもいい感じになります。楽しんでくださいね〜！

# Lesson 7
## ピアノ曲をケンハモ二重奏で吹いてみよう!

### 課題曲
### シューマン《最初の悲しみ》
（ケンハモ二重奏）

　ピアノ曲をケンハモで演奏するときの留意点について考えてみましょう。

　課題曲は、シューマン作曲『ユーゲントアルバム』から《最初の悲しみ》です。生徒さんとお2人でアンサンブルしてくだされば幸いです。

### ピアノ曲をケンハモ二重奏で吹くときの選曲

#### 素晴らしいケンハモ・デュオのユニット、Melodica Men

　「Melodica Men（メロディカ・メン）」というケンハモ・デュオ・ユニットをご存知ですか? アメリカのフロリダ州ジャクソンビルを起点に活躍するケンハモ・ユニットです。ジョー・ブオノ（トロンボーン奏者）とトリスタン・クラーク（トランペット奏者）の2人が、《春の祭典》《禿山の一夜》《ラプソディー・イン・ブルー》《キャンディード序曲》などオーケストラの名曲を素晴らしいクオリティーで吹いています。

　2人とも管楽器奏者であり、鍵盤技術も素晴らしい! YouTubeで検索するといろいろな動画を見ることができますし、Facebookで「Melodica Men」と検索するとヒットします。ぜひご覧ください。

#### マサさんのオススメ曲

　オーケストラの名曲を演奏する「メロディカ・メン」はひとまず置いておいて、私たちがレッスンで生徒と演奏する場合は、ピアノ曲から選ぶことが多くなりますね。その場合の選曲について考えてみました。

**①管楽器の表現にマッチしそうな曲を選ぼう!**
♪ドビュッシー作曲『子供の領分』から《小さな羊飼い》**（譜例1）**
♪ショパン作曲《ワルツ Op34-2 イ短調》**（譜例2）**
**②ケンハモ二重奏にするときは、もともと2声の曲はぴったり!**
♪簡単な2声のバロック曲
♪バッハ作曲《インヴェンション》全曲
♪ブルグミュラー作曲《ちょっぴり不満》(本書Lesson1課題曲)
♪ギロック作曲《おばけの足あと》《東洋の市場》
**③モチーフが短いと、吹く息に余裕ができて吹きやすい!**
♪ブルクミュラー作曲《アラベスク》
♪シューマン作曲『ユーゲントアルバム』《最初の悲しみ》(このLesson7の課題曲)

　以上のような観点から選曲することをオススメします。

### ピアノを演奏するときとケンハモを演奏するときの違い

#### 減衰音と持続音の違い

　ピアノは、一定のカーブで音量が小さくなってゆきます。それに対してケンハモは、息で音を自由に作ることができます。というより、積極的に作る必要があります。もちろんピ

●譜例1

●譜例2

アノでも、強弱・音色などどんな音にするかが表現の最重要課題のひとつですが、持続音であるケンハモは、その音価の続く間、「どのように変化させるか？」が大切なのです。課題曲《最初の悲しみ》の2小節目の「シ」3小節目の「ド」を吹いてみましょう。

●譜例3

譜例3のように同じ音量で吹くと、ぶっきらぼうな音になりますね？

●譜例4

譜例4のようにクレッシェンドし過ぎると、下品になってしまいます。

●譜例5

譜例5のように軽くデクレッシェンドがオススメです。

そして、音が消えた後の、沈黙の瞬間を楽しむことができれば素晴らしいです。

## アンサンブルの楽しさを経験する

ケンハモのいいところのひとつは、簡単にアンサンブルができることです。ピアノ曲の両手のそれぞれのパートをケンハモで演奏することで、相手のメロディに応え合う、対話の音楽が生まれます。

例えば、《最初の悲しみ》なら、右手のメロディは悲しんでいる子ども。その子どもに応えてやさしく慰めている左手のメロディ、という風に語り合い、最後の4小節は、「よし！元気になったね！」と同時に歌っているようなイメージを持って、アンサンブルを楽しんでください。

### ♪課題曲演奏上のヒント

　最初の「ソ」に、シューマンは「*fp*」を付けて、一見音量的なアクセントのような書き方をしていますが、マサさんは「大きな音で」というより、「たくさんの想いを込めて」という理解をして、テヌート記号にしました。また、同じような下降フレーズの最初の音に、テヌート記号をつけました。たっぷりと想いを込めて吹いてください。

　Ａは、ケンハモⅠが主役です。ケンハモⅡは、主役の後ろにいて、音量は小さく、ほんの少しタイミングを遅くして吹くと対話の面白さが強調できると思います。

　Ｂの5〜6小節目は、ケンハモⅡが主役です。

　楽譜には細かい強弱表記は書きませんでしたが、本文に書いた、「持続音をどのように吹くか？」を参考に、いろいろ試してください。

# 7. 最初の悲しみ ～『ユーゲントアルバム』より
（ケンハモ二重奏）

シューマン 作曲
松田 昌 編曲

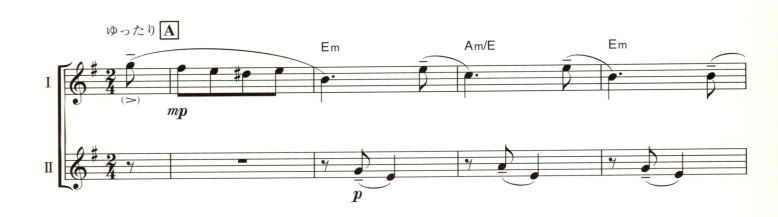

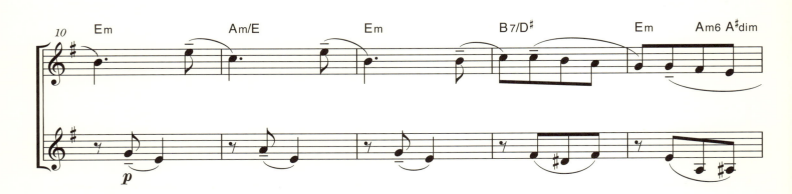

# Lesson 8
## インヴェンションをケンハモで吹いて「音の対話」を楽しもう！

**課題曲**

### バッハ《インヴェンション第1番》
（ケンハモ二重奏）

　バッハ作曲の中で、いちばん身近なインヴェンション。タイプの違う素晴らしい曲が揃っていますが、意外に子どもたちには人気がないですね？　インヴェンション第1番（ハ長調）を題材として、ケンハモでのインヴェンションの楽しみ方を考えてみました。

　演奏の前に、曲の仕組みを見てみましょう。楽譜に書き込みしましたので、楽譜を見ながらお読みください。

### 全体を分析してみよう！

### 構成の分析

　全体を大きく3つの部分に分け、調性の移り変わりと、それぞれの部分のクライマックスの箇所を考えてみましょう。構成を理解すると、全体の表現の方法が見えてきます。
Ⓐ　テーマの提示。ハ長調→ト長調。クライマックスは、第6小節3拍目右手「ソ」のあたり。
Ⓑ　展開部。ト長調→ハ長調→ニ短調→イ短調。クライマックスは、第14小節1拍目右手「シ」のあたり。
Ⓑ'　経過部分。ゆったりと静まっていく。
Ⓒ　テーマの再現。ハ長調（少しへ長調の色になる）。クライマックスは、第20小節右手「ド」のあたり。

　各部分、クライマックスのあたりを盛り上げると、全体に自然なうねりを作ることができます。

### ゼクエンツの分析

　ゼクエンツ（独語。英語ではシーケンス）は、日本語では同型反復と言われ、ある長さのメロディと和音が2度または3度、上や下に平行移動され、音楽が盛り上がっていったり、鎮静していったりします。もちろん、上に平行移動されると音楽は盛り上がり（第19～20小節）、下に平行移動されると音世界は沈静に向かいます（第15～18小節）。このインヴェンションでのバッハのゼクエンツの使い方は秀逸です！　全体の構成、クライマックスとゼクエンツの使われ方を確認してくださいね。

　一般的に上行ゼクエンツはクレッシェンド、下行ゼクエンツはデクレッシェンドしますが、この曲の第11小節は下行ゼクエンツとはいえ、左手の「シ♭」がA7の♭9th（緊張度高い）であり、ニ短調からイ短調へ転調しながらクライマックスに進むので、クレッシェンドしたくなりますね。

### モチーフ分析

　この曲ほど、モチーフ、モチーフの反進行形、モチーフの拡大形、モチーフの反進行形の拡大形が有効に使われている曲はなかなかありません（**譜例1**）。

●譜例1

### インヴェンション第1番を ケンハモで楽しく演奏するために

### ブレスの上手なとりかた

　作曲家は、管楽器のために作る時は、どこで息を吸うかを考えながらメロディーを作りますが、鍵盤楽器や弦楽器のために作る時は考えません。この曲でも、どこで息を吸えばいいのか困るところがあります。

　**譜例2**を吹いてみてください。うまく息を吸わないと4小節目はとても苦しくなりますね？
1）まずは、Ⅴ記号を付けた、1小節目の3拍目のウラと2小節目の3拍目のウラで、しっかり吸うことをオススメしま

●譜例2

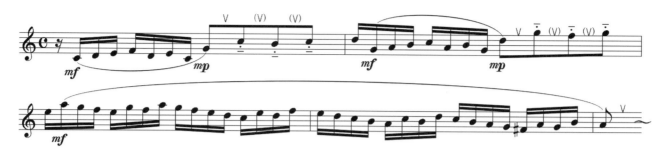

す。腹筋をおヘソのあたりを中心に意識的に前に突き出し、瞬時にできるだけたくさんの空気を肺に入れましょう。

2）それでも足りない場合は、8分音符の隙間ごとに（V）のところでも吸いましょう。ただ、8分音符がプツプツ短くならないように、細心の注意が必要です。

3）息の節約も忘れてはなりません。つまり、小さな音で吹けば息は長く持つのです。このことはとても大切です。

## モチーフと対旋律を吹き分けよう！

16分音符のモチーフはレガートで少し強め、8分音符の対旋律は弱めのノンレガートで吹きましょう。ノンレガートといっても、一つずつの音の切れ目がプツッとしないで、フワッと消えるように気をつけてください。

## モチーフのタイミングを変えてみよう！

この曲、アンドラーシュ・シフは、**譜例3**のように3連符で弾いています。実は、バッハの自筆楽譜に、3連符のものがあるのです。また、グレン・グールドは、**譜例4**のように演奏しています。

●譜例3

●譜例4

きっとグールドは、毎回違う演奏をして即興的にリズム変化を楽しんでいる。バロック音楽は本来、即興演奏の部分がとても多いようです。

シフやグールドのような大家だからこそ許される！という考えもありますが、厳格に考えすぎず、自由な発想を持って演奏した方がバッハの目指したインヴェンション（創意工夫の意）に近いのではないでしょうか？

ピアノ教育の世界はいろんな意味で出来上がっています。ケンハモには、ピアノではできなかったことに挑戦してみよう！という開放感がある気がします。

## ♪課題曲演奏上のヒント

2人で演奏することによって、1人では経験できなかった音楽の世界が生まれます。それは「音による対話」。モチーフを吹いている人がその部分の主役、対旋律を吹く人は脇役です。対旋律の人は、主役より小さな音で吹くことを心がけ、まるでお話をしているかのような生き生きとした音空間を作り出すことが理想です。

そして、その体験は1人で両手を演奏する時に、今までになかった両手の対話を生み出すと思います。

# 8. インヴェンション第1番
(ケンハモ二重奏)

バッハ 作曲
松田 昌 編曲

# Lesson 9
## ３声バッハを楽しもう！

### 課題曲
### バッハ《シンフォニア第11番》
（ケンハモ三重奏）

　バッハの作品の中には対位法的な曲が多く、２声インヴェンションから３声シンフォニア、さらには４声のフーガの技法まで、ケンハモで楽しめる曲がたくさんあります。シンフォニアの中でも、美しさと表現の魅力に溢れた第11番（ト短調）をアンサンブルで演奏しましょう！

　全体の流れと構成がわかりやすいように A〜J と細かく練習番号をつけました。また、この曲の美しい和音変化を感じやすいように、「コードの流れピアノ譜」をつけました。ぜひ弾いてみてくださいね！（３人のケンハモアンサンブルと一緒に演奏することもできます）

## この曲の特徴と魅力は？

　心がゆったりとして癒され、叙情的で、物悲しさと同時に温かさが感じられるこの曲の魅力はどこから来るのか、考えてみましょう。

### 大きな流れの魅力

#### ①なだらかな下降線
　ケンハモⅠの軸になる音が、１小節ずつのなだらかな下降ラインをとっている（A C E F G H J）。このことは、曲全体に、穏やかで優しいゆったり感を醸し出している。

#### ②テーマとその前のドミナントペダル
　テーマは、A E J の３回登場し、E の前の D（A7 のコード）と J の前の G（D7 のコード）では、胸騒ぎを感じさせる長いドミナントペダルを配置して、テーマに入った時の安定感を強調している。

#### ③モチーフの受け渡し
　モチーフが魅力的で、語り合うようにいろんなパートに受け渡される。

### 小節ごとの魅力

#### ①掛留音が解決する「ときめき感」
　掛留音についてはご存知でしょうが、簡単に説明させてください。

　譜例1をピアノで弾いてみてください。パッヘルベルの《カノン》などによくあるコード進行ですね？

　譜例1は２拍ずつ変化するコードですが、譜例2では前のコードの音がタイで引き伸ばされて（掛留）、次のコードとぶつかり、我々の心は「キュン！」となり、次の拍でコー

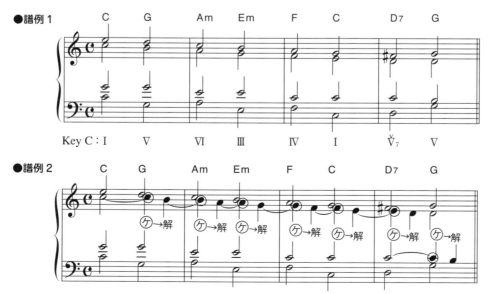

ドトーンに入って（解決）「ホッ」とします。その緊張から弛緩への変化が私たちの心に「ときめき感」を作り出すのです。

独立したケンハモアンサンブルのパート譜だけでは、どれが掛留音なのかよくわからないので、「コードの流れピアノ譜」の掛留音は○で囲み「ケ→解」と記入しました。倚音は①としています。ぜひ音の変化を感じながら弾いてみてください。

### ②和音の工夫
1）第2小節、「ファ」が「♯ファ」ならト短調和声短音階のⅤ度の和音なのですが、「♮ファ」であることで、自然短音階となり、古風な懐かしいサウンドを作っています。

2）第45小節の「♭ラ」ナポリの6の和音が美しい。

### ③リズムの心地よさ
1）全体に流れる「♩ ♫」のリズム
2）「ケ→解」の和音の流れに含まれる緊張と弛緩のリズム
3）ⒸやⒽの「Gm～Cm7～F7～B♭M7」と1小節ずつ流れてゆくコード進行のリズム

などから、1小節を大きな1拍と感じる、「舞曲的なリズム」の心地よさがあります。演奏するとき、この「舞曲的なリズム」を感じることはとても大切です。

## ♪課題曲演奏上のヒント

バッハの作品にどのようにアーティキュレーションと強弱記号を書き込むかは、とても難しい問題です。基本は、演奏者が自分の感じるように演奏して、10人10色のバッハがあるのがいいと思います。

でも、奏法や表現についてまだ円熟していないケンハモの世界なので、演奏のヒントになることがあるのもいいだろう、という気持ちで書きました。

### ①モチーフの吹き方
モチーフは、少し大きく吹いて目立たせよう！という意味で *mp* と表記しました。モチーフ以外は基本的に *p* です。

音の強さを変えるだけでなく、モチーフに時にほんの少し体を前に出して「今は私がモチーフですよ〜」とかすかに主張し、お互いに聴き合って進めてゆくといいと思います

譜例3に書き込んだように、オクターブ跳躍し、テヌートスタッカートをつけた8分音符で「フ〜ッと」緩やかな浮遊感を楽しんで着地する、という感じではどうでしょうか？

●譜例3

### ②スラーについて
この曲でのスラーは、「間を開けずにレガートで」という意味ではなく、だいたいこれくらいがひとつのグループかな？程度に思ってください。さらに細かくこの数音がグループですね？という意味でスラーが2本になっているところがたくさんあります。

### ③クレッシェンド・デクレッシェンドについて
ピアノの音は自然に減衰しますが、ケンハモは意識して小さくしないと音量が同じままで、ぶっきらぼうで無表情な演奏になってしまいます。逆に、クレッシェンドが強すぎるととても不自然になる。そこで、点々のクレッシェンド・デクレッシェンド記号にしてみました。マサさんは、この微妙な変化を主に口（オゥ〜という感じで下顎や喉の奥を使って口の容量を変化させる）で行っています。いろいろ試してみてくださいね！

### アンサンブルの醍醐味

#### ①3つのパートの役割の違いを意識しましょう。
1）ケンハモⅠは、メロディ役。
　自分が中心になって全体の「ウタ」を作っていく意識が必要。
2）ケンハモⅡは、内助の功の役目。
　ある時は、1番に寄り添い（ⒶⒹⒻⒼⒾⒿ）、ある時は、モチーフを受け渡し（ⒷⒸⒽ）、ある時は、独自にちょっかいを出します（6、46、70小節）。
3）ケンハモⅢは、全体をリズム的に牽引する役目です。
　自分の役目を意識しながら演奏しましょう。

#### ②一番大切なのは聴くこと
自分の演奏を聴くことはもちろんですが、他のパートの演奏者が、何を感じて吹き、どう吹きたがっているかを感じましょう。

このシンフォニアをケンハモアンサンブルで吹いて、「学生の頃嫌いだったバッハが大好きになった！ピアノでもじっくり勉強し直したい！」と言ってくださった方が何人もいらっしゃいます。楽しんで吹いてくださるとうれしいです。

# 9. シンフォニア第 11 番
(ケンハモ三重奏)

バッハ 作曲
松田 昌 編曲

# Lesson 10 素敵なジャズ・タンギングの使い方

**課題曲**

## 《ジングルベル》
(ケンハモ二重奏、ケンハモ独奏、ピアノ独奏としても OK)

代表的な Xmas ソング《ジングルベル》を、ケンハモ二重奏にアレンジしました。《ジングルベル》を楽しく吹きながら、ジャズのタンギングの使い方について考えてみましょう！

### ジャズのリズムの特徴

一口にジャズと言ってもいろいろなスタイルやリズムがありますが、ここではスイングのリズムについて考えましょう。

### 1拍の中に3連符を感じよう！

《ジングルベル》の最初に、と表示されているように、4分音符や8分音符の中に3連符を感じて演奏するのがスイングの特徴です。

譜例1は、譜例2のように演奏します。そして、3連符で弾くことを一般的に「ハネる」と言います。

●譜例1

●譜例2

### 3連符で弾くときの注意

①ハネ過ぎないようにしましょう！

譜例3のように、ファやドが付点8分音符にならないよう気を付けましょう。

●譜例3

②ウラの8分音符にアクセントを付けましょう！（譜例4）

●譜例4

スイングでは、ウラ拍にアクセントを付けるのが基本です。そのアクセントは、タンギングとお腹と両方を使います。

### 《ジングルベル》のタンギング

マサさんは、《ジングルベル》の歌い方に3種類あると考えます。それは次の3つの方法です。

①歌詞で歌う

「ジングルベル　ジングルベル　ジングル　オールザウェイ」

②ドレミで歌う

「ミミミー　ミミミー　ミソドーレミーーー」

③タンギングで歌う（譜例5）

「トゥットゥット〜ゥ　トゥットゥット〜ゥ　トゥット〜ゥ　トゥットゥト〜ゥ」

ケンハモが上手になるためには、③の「タンギングで歌う」ことがとても大切です。タンギングで歌うことができると「ケンハモの達人」に近づいてゆきます。ぜひ、トライしてくださいね！

●譜例5

# 10. ジングルベル
（ケンハモ二重奏、ケンハモ独奏、ピアノ独奏としても OK）

ピアポント 作曲
松田 昌 編曲

## ♪課題曲演奏上のヒント

**カッコよく吹くための練習順序**
1) 指でメロディを弾けるようにする。そのとき、3連符のタイミングに気を付けましょう！
2) 4小節ずつ、「トゥットゥットゥ〜ゥ…」と声に出してタンギングで歌う。そのとき、強弱変化も意識しましょう！
3) 指はずっとミの音を押さえておいて、メロディのタイミングで「トゥットゥットゥ〜ゥ…」とタンギング練習をする。
4) 最後に指はメロディを弾きながら、口はタンギングを使って弾いてみましょう。

　アレンジは、グレンミラー楽団の《茶色の小瓶》のような感じです。相手の音をよく聴いて、会話のような音楽作りを楽しんでください。

# Lesson 11 ポピュラーのノリを体得しよう！

### 課題曲
### 《宝島》（ケンハモ独奏とピアノ）

日本のポピュラー音楽シーンで、インストゥルメンタル（器楽曲）のヒット曲といえば、《ルパン3世のテーマ》、《情熱大陸》、そして《宝島（TAKARAJIMA）》ですね？ここでは、吹奏楽の世界でも大ヒットしている《宝島》を課題曲として、フュージョン系の16ビートの演奏の仕方を、特にリズムを中心に考えてみましょう。

## まずは吹いてみよう！

このマサさんのケンハモ講座は、演奏がyoutubeで配信されています。
《宝島》は、宮原裕子（鍵盤ハーモニカ）、松田昌（ピアノ）によるDuoの演奏の後に、例によってピアノの伴奏だけが収録されています。マサさんのピアノ伴奏と一緒にケンハモを吹いてみてください。本書巻末に載っているQRコードからご覧ください。
いかがですか？気持ちよく吹けましたか？
では、ボクの考える、演奏のポイントを少し書いてみましょう。

## マサさんのリズム教室

16分音符のシンコペーションがたくさん出てくるこの曲のリズムが苦手な方のために、そして生徒さんにポピュラーのリズムを教えるときの参考として、練習の方法をご紹介しましょう。
メトロノームに合わせたり、足で拍をキープしたりしながら、右左の手で交互にリズムを刻み、自由にアクセントをつけたり、メロディのタイミングでアクセントをつけたりする練習です。ドラム教室のトレーニングと同じようなものです。
これも、動画でマサさんが叩いていますので、ぜひ見ながら練習してくださいね〜！

## さあ、叩いてみよう！

●譜例基本

できるだけ小さな音でR（右）L（左）を交互に叩きます。これは、16ビートの流れを自分の身体の中に作るもので、メロディのタイミングでアクセントを付けるとすると、楽譜としては全休符です。

●譜例1

4つの16分音符の1つめ（Rの位置）にアクセントを付けます。音符でいうと4分音符ですね？

●譜例2

4つの16分音符の2つめ（Lの位置）にアクセントをつけます。音符でいうと16分休符の後の16分音符の位置。とても難しいタイミングです。一般的にリズムは、言葉にして歌ってみるとスムーズに演奏できますが、「お父（ト）ンとお母（カ）ンと」と歌いながら叩くと結構すぐにできます（笑）

●譜例3

4つの16分音符の3つめにアクセントをつけます。音符でいうと裏の8分音符ですね？

● 譜例4

4つの16分音符の4つめにアクセントを付けます。サンバのリズムなどでは、ここにアクセントがくるのが基本です。パンデイロ（ブラジルのタンバリン）をイメージして「ちきちタ ちきちタ ちきちタ ちきちタ」と歌いながら叩いてみてください。

● 譜例5

Ⓐの第3小節のリズムです。16分音符が3-3-2と繋がるのは、ポップは驚くほど頻繁に出て来ますから（《世界に一つだけの花》《リベルタンゴ》《情熱大陸》など）、ぜひ楽しんでマスターしましょう。

## ♪課題曲演奏上のヒント

　ドラム、ベース、ギター、キーボードなどのバンド形態で演奏するときの表現と、このアレンジのようにピアノだけの伴奏では、おのずから表現の仕方が違うと思います。バンド形態では、ドラムが基本リズムパターンを変えるだけで大きな変化を作ることができますが、ピアノだけの場合は、部分ごとの音量とイメージの変化を大切にしましょう。
① イントロ……メロディをオクターヴ高くして、テーマとの違いを狙いました。可愛いイメージで吹きましょう。
② Ⓐ……イントロより音域が低くなり、少し太い音の感じが出ればバッチリ。
③ Ⓑ……次の二長調で、パッと世界が変わるようにやさしく吹きましょう。
④ Ⓒ……元気に、大らかに。
⑤ コーダ……可愛く
　足で拍を刻み、タイトなリズムを感じて演奏しましょう！

# Lesson 12
## ケンハモらしい表現を追求しよう！

**課題曲**
**松田 昌《孤独》**
（ケンハモ独奏とピアノ）

《孤独》は松田昌の作曲の中でも、「ケンハモらしいウタ」に溢れた作品です。

### ケンハモの表現について

どのような表現を「ケンハモらしい」と考えるかは人によって違います。息を強く吹き込んで、激しく吹くのが好きな人もいますが、マサさんは正反対。この楽器は激しく息を吹き込むと、音程は下がり、音は汚くなり、アンサンブルできなくなり、楽器としてのマイナスの面が強調されると思っています。

マサさんは、口の形を微妙に変化させ、「歌うように吹く」のを理想としています。

### ♪課題曲演奏上のヒント

この《孤独》では、
1) 繊細な強弱表現
2) 微妙なテンポの揺れ
3) 鍵盤の底まで押さえない打鍵
4) ゆっくりした離鍵
5) うっすらとしたヴィブラート
6) フレーズごとに変化する心の動き
7) 自分のテンポ感と歌い回しの追求

などを目指しましょう。

楽譜のコメント番号順にその部分を吹くヒントを書いてみました。

★1　「ラ」に向かってうっすらポルタメントをかけるつもりの「ソ♯ソ」。鍵盤の底まで押さえて強く吹かないように。
★2　例えばインヴェンションの装飾音のように、明確にしない方が悲しさや迷いの感じが出ます。
★3　正確に5等分でなくてもオッケー（1小節を1拍と感じる）
★4　1小節を2等分したリズム（1小節を1拍と感じ、テヌートで）
★5　1小節を4等分したリズム（1小節を1拍と感じ、テヌートで）
★6　例えばインヴェンションの装飾音のように、明確にしない方が悲しさや迷いの感じが出ます。
★7　ここが最初のパートのクライマックス。「悲しい中、少ししゃがんで伸び上がって、よよと泣き崩れる」感じ（笑）。
★8　前の小節最後の「レ」の前でブレスするのは難しいので、ここでチラッと吸うといいと思います。
★9　短調だったメロディが平行調に転調して、世界が変わる、この曲の聴かせどころのひとつ。
★10　メロディのリズム、和音の流れ、伴奏の隙間など「悲喜こもごも」という感じ。聴かせどころ。
★11　16分休符はブレスのために入れてあります。前の付点8分音符がぶっきらぼうにならないように。
★12　動的なイメージ。スラーとスタッカートは譜面通りでなく、ご自分の好きなようでオッケーです。
★13　ピアノ伴奏のC♯dimのところに、ケンハモの「レ」の音がかぶると美しくないので、前の小節でフッと消えるようにしましょう。

この《孤独》を気に入ってくださったら、作曲者としてはとても嬉しいです。

# 12. 孤独
（ケンハモ独奏とピアノ）

松田 昌 作曲

# Lesson 13 両手奏法に挑戦しよう！

課題曲
《故郷》
（ケンハモ独奏）

　カッコいい、ストラップを使った両手奏法！ 右手でメロディを弾き、左手で和音や対旋律を弾いて、1人で音楽世界が完結する両手奏法。これが習得できればケンハモの世界が大きく変わります。ぜひトライしてくださいね！

　ちなみに、本書の《崖の上のポニョ》《サザエさん》《ジングルベル》の3曲は、ケンハモ二重奏のアレンジになっていますが、両手を使って1人で演奏することもできます。

## はじめての両手奏法

　**譜例1**は、マサさんが、はじめて両手演奏をなさる方のためにアレンジした《ロングロングアゴー》です。

　このアレンジには、ピアノのためのアレンジと大きく違う点がふたつあります。

1) ストラップで首から吊っているため、左手の運指が普通の運指と反対になっている。
2) 伴奏が、音数少なく、しかもスタッカートになっている。
　伴奏がスタッカートになっているのは、ふたつの目的があります。
1) ケンハモは音数が2音になると2倍の息、3音になると3倍の息の量が必要ですから、息の量を節約するために短い音のスタッカートにしています。
2) 楽器の中の空気の流れが低い音域から高い音域に向かうことや、リードの大きさの違いから、どうしても低い音が大きくなってしまうので、存在感を小さくするためにスタッカートにしています。

●譜例1 《ロングロングアゴー》

## 左手の運指に慣れよう！

「普通にピアノを弾くときと反対だ！」と思うと、難しさが増えます。「左手は、新しい楽器を弾いている」という新鮮な気持ちで練習しましょう。

### 5指練習（譜例2）

1) 1指と5指は、鍵盤の奥を押さえることになり、つい力が入ってしまいます。脱力を心がけましょう。
2) レガートとスタッカートなど、いろんなアーティキュレーションで練習してください。

### 和音練習（譜例3）

ご自分でいろいろな練習曲を作って試してくださいね！

## 息の工夫

①譜例1のブレス記号のところで、「それとなく」「素早く・たくさん」吸いましょう。

1)「それとなく」は、前のフレーズに影響を与えないように。
2)「素早く・たくさん」は、腹筋を前に素早く押し出すことで、口と鼻から「スッ」と自然に入ることを目指しましょう。

②譜例1第2小節の「ラ〜」を伸ばしている時、左手で「ラドッ」を押さえると、メロディの「ラ〜」がギクシャクしますね？対策は、
1) デクレッシェンドして目立たなくさせる
2) 少し短めの長さにして目立たなくさせる
のふたつあります。

両手で弾くと運指と呼吸にばかり神経がいってしまい、自分の演奏を「聴く」という一番大切なことがおろそかになりがちです。メロディが自然に美しく聴こえるように吹いてくださいね〜！

## いろんな調で練習しよう！

譜例1の《ロングロングアゴー》は、メロディは簡単で、伴奏に2種類のコードしか使っていません。ぜひ、半音ずつ調をあげてゆき、いろんな調で練習してください。

●譜例2

●譜例3

## ♪課題曲演奏上のヒント

アレンジは、とてもシンプルで短いですが、コンサートのアンコールや小さなライブで息抜きとして演奏するにはもってこいです。日本の国民的な心の故郷の曲！暗譜して、いつでも吹ける自分のレパートリーにしてください！

演奏のポイントは、
1) Aの1回目はメロディだけです。ご自分の故郷をイメージしながら、美しく・懐かしく歌うように吹いてください。マサさんはこのメロディを吹くとき必ず、阪神大震災の後の神戸の山「六甲山」と、六甲山を見る母親の後ろ姿が出てきます。テンポやフレーズの切れ目は、自由に揺らしてオッケーです。
2) 何箇所かに出てくる同音連打は、指は押さえたままでソフトなタンギングで演奏しましょう（18〜19ページ参照）。
3) Bのメロディに入るときには、左手2指を「ド」の上に準備しましょう！次に弾く鍵盤の上に事前に指を置くことは、スムーズな運指のためにとても大切です。
4) Cはエンディングです。タンギングをはっきりさせて、きっぱり吹いてください。「故郷に想いを馳せながら、力強く生きてゆくことを決意する！」という感じでしょうか？
5) 最後の4小節は、3音のコードでフォルテになります。息がたくさん必要ですので、1拍ずつブレスすることをオススメします。ただし、音が「プツッ」と切れず、「ふわ〜」と消えるように細心の注意が必要です。

# 13. 故郷
(ケンハモ独奏)

岡野貞一 作曲
松田 昌 編曲

# Lesson 14 歌って吹こう！《発表会ブルース》

**課題曲**

## 松田 昌《発表会ブルース》
（ケンハモアンサンブルとピアノ）

ゴスペル風ブルースに、ご自分の教室の名前を盛り込んで歌詞を作り、出演者全員で歌ったり吹いたりして、発表会を楽しく盛り上げましょう！

### この曲のネライ

可愛い子どもたちが1人ずつ演奏する発表会。ステージで演奏する子どもは「ドキドキ」、先生は「ハラハラ」。客席ではご父兄が「パチパチ！」。全体の時間の流れは意外に淡々と過ぎてゆきますね？ 最近は、ポピュラーやアンサンブルで楽しく演奏しようという工夫も多くなっているように思います。

そこで、発表会に出演する子どもたちと先生が、全員で歌ったりケンハモを吹いたりできる曲はないかな？と考えたのですが、なかなか見付からなくて、「エイ！作っちゃえ〜！」となりました。とても簡単ですから、発表会のオープニングや最後の曲として使っていただければ幸せです。

### 構成と演奏の仕方

#### 必要なパートと演奏者

①**全体をリードする先生1人**
・マイクを持って会場にお話をしながら子どもたちを並べる。
・曲のスタートの合図や、お辞儀の合図を出す。
・テーマ（A）を歌ったり、ケンハモを吹いて（B C）、子どもたちをリードする
②**出演する子どもたち**
・テーマ（A）は全員で歌います
・上級者は、ケンハモ（B C）の上パートを担当
・初級者は、ケンハモ（B C）の下パートを担当
③**ピアノ伴奏者1人**
④**打楽器奏者（可能なら）**
・カホンやドラムで8ビートのリズムが入れば盛り上がります。

### 演奏について

①歌詞を自由に作ってください（譜例1）。

●譜例1

まーつだ　　おんがくきょうしつ　はっぴょうかい

テーマといっても、「ソ」と「ド」しかありません。今、流行りのラップだと思って、気軽に作ってみましょう。

生徒たちと一緒に替え歌を考えるのも、発表会への期待が高まりますね？

ここでは、
「ま〜つだ、音楽教室、はっぴょうかい！イェイ！イェイ！」
「み〜んな、一生懸命、弾きましょう！イェイ！イェイ！」
「たのしいたのしい、はっぴょうかい！」

歌詞としてはかなり稚拙ですが、こういうときは稚拙な方が、手作り感があって楽しいという面もあります（笑）。

②**ステージでは楽しくステップ**
生徒全員がステージに上がって、ステップを踏みながら楽しく歌ってくれることをイメージしています。

③**客席は手拍子で参加**
客席のお父さんお母さんには、手拍子をしてもらい、ステージと客席がひとつになるネライもあります。

④**ケンハモ C パートは聴かせどころ**
C は、息が苦しくなるくらい、同じフレーズが続きます。フレーズに入る前に、しっかり息を吸いましょう！

この曲が、発表会会場のみなさんの心をひとつにすることに役立てばうれしいです。

### ブルースについて

ブルースは、4小節のまとまりが3つある12小節のコードのつながりに乗せて、ブルーススケールという音階を中心につくられたメロディを演奏します。黒人奴隷としてのつら

い生活からの解放を神に祈ることから、ニューオルリンズに生まれたと言われ、ジャズ、ゴスペル、ロックなどいろいろなポピュラー音楽の、大切な要素となっています。

この曲は、ハ長調ですが、Ｃブルーススケールの「ミ♭」「ソ♭」「シ♭」が頻繁に出てきます（**譜例2**）。

♭された音たちが醸し出す、悲しくセンシティブな雰囲気がブルースの特徴です。また、カッコいいメロディにもなります。

ブルースで有名な曲は、《子象の行進》《ウオーターメロンマン》《ルート66》などがあります。

●譜例2

### ♪課題曲演奏上のヒント

発表会で大切なのは、子どもたちが音楽の楽しさと達成感を実感することと、ご父兄がその喜びを共有することだと思います。

この全員での《発表会ブルース》で大切なことは、
1）笑顔が大切です。「お父さんやお母さん、お友だちに、一番いい顔を見てもらおうね！」と、笑顔の大切さを伝えてください。
2）大きな声で歌うことも大切です。人数が多く1人ずつにマイクを立てることができないので、生声で歌うことになると思います。リハーサルで、とにかく大きな声で歌う練習をしましょう。
3）目線をどこに持ってゆくか？ 歌うときは、客席の一番後ろの少し上あたり。非常口のマークがあるあたりを見ると、顔が明るく見えます。また、ケンハモを吹く時、楽器が低いと顔が暗くなるので「少し重いけどケンハモを高く持って明るい顔で吹こうね！」と指導してください。
4）何らかの体の動きもある方が楽しく演奏できます。
・足を揃えて膝を曲げてリズムをとる。
・1拍ずつ左右に足踏みをする
など、簡単な振り付けをして楽しみましょう。

# 14. 発表会ブルース
（ケンハモアンサンブルとピアノ）

松田 昌 作曲

# 参考動画 QR コード一覧

模範演奏やピアノ伴奏、練習課題の補足アドバイスを収録しています。
ぜひ、この動画を参考にしながら練習してくださいね〜!

**Lesson1**
♪ブルクミュラー《ちょっぴり不満》
https://youtu.be/RDcPGm_A8Fl

**Lesson2**
♪《崖の上のポニョ》
https://youtu.be/4mnpVMrr9qY

**Lesson3**
♪サン=サーンス《白鳥》
https://youtu.be/RFzvl_ytwPA

**Lesson4**
♪《夏の思い出》
https://youtu.be/QxfrOlpqamk

**Lesson5**
口の形とタンギング その2
鋭いタンギング「トッ」を中心に
https://youtu.be/pA1bpoJ728l

**Lesson6**
♪《煙が目にしみる》
(ロングトーンとヴィブラート)
https://youtu.be/HtaQ-eFh8UM

**Lesson7**
♪シューマン《最初の悲しみ》
https://youtu.be/Wn6h2a6tzUk

**Lesson8**
♪バッハ《インヴェンション 第1番》
https://youtu.be/E0vcdbFxSAQ

**Lesson9**
♪バッハ《シンフォニア 第11番》
https://youtu.be/R9JN52LHQqo

**Lesson10**
♪《ジングルベル》
https://youtu.be/5p_OH8A7jbo

**Lesson11**
♪《宝島》
(ポピュラーのノリを体得しよう!)
https://youtu.be/3bHNWtg1PtM

**Lesson12**
♪松田 昌《孤独》
https://youtu.be/5KE8VAwuM14
※Codaはショートバージョンとなっています。

**Lesson13**
♪《ロングロングアゴー》&《故郷》
(両手奏法に挑戦しよう!)
https://youtu.be/0kmATAY5Kl4

**Lesson14**
♪松田 昌《発表会ブルース》
https://youtu.be/XxXiSjDCvHk

※本動画は雑誌「ムジカノーヴァ」連載時に作成されたものです(Lesson9とLesson13は新規)。

## 松田 昌（まつだ まさ）

東京藝術大学作曲科中退。
第10回インターナショナル・エレクトーンコンクールでグランプリを受賞。その後、キーボードアーティスト・作曲家として、国内外での演奏活動を中心に、映画・テレビの音楽制作で活躍、2006年、鍵盤ハーモニカ奏者としてデビュー。ストラップを使った「両手奏法」、吹きながら鼻から息を吸う「循環呼吸」、話すように微妙な口の形の変化を使った鍵盤ハーモニカならではの「モグモグ奏法」など、新しい奏法を世に送り出し、鍵盤ハーモニカの世界を牽引し続けている。
名古屋音楽大学客員教授。
オフィシャルサイト http://www.masa-mp.com

〔著書〕
「たのしい鍵盤ハーモニカ」（音楽之友社）
「すてきな鍵盤ハーモニカ」（音楽之友社）
など多数

〔CD〕
「神様の住む島」（MASAミュージック）
「ピアニキスト MASA」（YMM）

本書は雑誌「ムジカノーヴァ」2017年6月号～2018年5月号連載の補筆・再編集です。
なお、Lesson9とLesson13は本書のための書き下ろしです。

**皆様へのお願い**
　楽譜や歌詞・音楽書などの出版物を権利者に無断で複製（コピー）することは、著作権の侵害（私的利用など特別な場合を除く）にあたり、著作権法により罰せられます。また、出版物からの不法なコピーが行われますと、出版社は正常な出版活動が困難となり、ついには皆様方が必要とされるものも出版できなくなります。
　音楽出版社と日本音楽著作権協会（JASRAC）は、著作者の権利を守り、なおいっそう優れた作品の出版普及に全力をあげて努力してまいります。どうか不法コピーの防止に、皆様方のご協力をお願い申し上げます。

株式会社 音楽之友社
一般社団法人 日本音楽著作権協会

LOVE THE ORIGINAL
楽譜のコピーはやめましょう

レッスンに上手に取り入れよう！ マサさんのケンハモ講座

2018年9月30日　第1刷発行
2019年10月31日　第3刷発行

解説・編曲　松田　昌
発行者　堀内久美雄
　　　　東京都新宿区神楽坂6の30
発行所　株式会社 音楽之友社
　　　　電話 03(3235)2111(代)　〒162-8716
　　　　振替 00170-4-196250
　　　　http://www.ongakunotomo.co.jp/

439100

© 2018 by ONGAKU NO TOMO SHA CORP., Tokyo, Japan.

日本音楽著作権協会(出)許諾第1809652-903号
落丁本・乱丁本はお取替いたします。
Printed in Japan.

装丁・本文組版：橋本金夢
楽譜浄書：(株)ホッタガクフ
表紙・本文イラスト(p.3, 5, 33, 37, 51, 65, 69)：松栄舞子
本文イラスト(p.4, 19)：駿高素子
図版作成：杉井孝則
印刷：(株)平河工業社
製本：(株)誠幸堂

1. ケンハモをレッスンに取り入れるメリットは何か?
   ♪ブルクミュラー《ちょっぴり不満》

2. 持ち方＆マウスピースのくわえ方
   ♪《崖の上のポニョ》

3. 吹き方の基本、腹筋の使い方とブレス
   ♪サン=サーンス《白鳥》

4. 口の形とタンギング ― その1 ソフトなタンギング「ロ～」
   ♪《夏の思い出》

5. 口の形とタンギング ― その2 鋭いタンギング「トッ」を中心に
   ♪《サザエさん》

6. ロングトーンとヴィブラート
   ♪《煙が目にしみる》

7. ピアノ曲をケンハモ二重奏で吹いてみよう!
   ♪シューマン《最初の悲しみ》

8. インヴェンションをケンハモで吹いて「音の対話」を楽しもう!
   ♪バッハ《インヴェンション 第1番》

9. 3声バッハを楽しもう!
   ♪バッハ《シンフォニア 第11番》

10. 素敵なジャズ・タンギングの使い方
    ♪《ジングルベル》

11. ポピュラーのノリを体得しよう!
    ♪《宝島》

12. ケンハモらしい表現を追求しよう!
    ♪松田 昌《孤独》

13. 両手奏法に挑戦しよう!
    ♪《故郷》

14. 歌って吹こう!《発表会ブルース》
    ♪松田 昌《発表会ブルース》

ISBN978-4-276-43910-8
C1073 ¥1850E

定価(本体1850円+税)